Inhalt

Port Package

Kernthesen

Beitrag

Fallbeispiele

Weiterführende Literatur

Impressum

GENIOS WirtschaftsWissen Nr. 05/2003 vom 12.05.2003

Port Package

I.Zeilhofer-Ficker

Kernthesen

- Tausende von Hafenarbeitern in ganz Europa protestierten im März gegen das von der EU geplante Port Package zur Liberalisierung von Hafendiensten.
- Laut den Vorschlägen der EU sollen Lizenzen für Hafendienste zukünftig nur noch befristet erteilt werden und die Vergabe über ein öffentliches, europaweites Ausschreibungsverfahren erfolgen.
- Die umstrittene Regelung zur Selbstabfertigung der Schiffe soll auf Schiffsmannschaften beschränkt werden, damit Arbeitsschutz, Sozial- und Sicherheitsstandards gewahrt bleiben.
- Nach Abschluss des Vermittlungsverfahrens und einer Übergangszeit von 2 Jahren, wird

das Port Package voraussichtlich nach Herbst 2005 in den Häfen Europas eingeführt werden.

Beitrag

Historie

Im März 2003 ging die EU-Richtlinie für die Liberalisierung von Hafendiensten, genannt Port Package, in die entscheidende Phase. Die Richtlinie, die nach jahrelangen Beratungen von den EU-Verkehrsministern bereits gebilligt war, wurde vom Europäischen Parlament in zweiter Lesung nicht kritiklos angenommen. Die Mehrheit der Abgeordneten möchte die Richtlinie um einige Vorschriften ergänzt sehen. (1), (2)

Das Port Package wird deshalb erst ein Vermittlungsverfahren zwischen Europäischem Parlament und Verkehrsministerrat durchlaufen müssen, bevor es mit anschließender zweijähriger Übergangszeit für die Umsetzung in nationales Recht voraussichtlich Ende 2005 in den europäischen Häfen implementiert werden kann. (2)

Der Lesung im Europaparlament waren europaweite

Demonstrationen und Streiks von Hafenarbeitern vorausgegangen, die um den Verlust ihrer Arbeitsplätze durch die Liberalisierung bangten. (3) Allein in Hamburg, Bremerhaven und Bremen gingen über 3000 Menschen auf die Straße, um bessere Bedingungen für die Liberalisierung der Hafendienste in Europa zu erreichen. (4)

Den Hafenarbeitern war vor allem der Passus, der den Reedereien die Selbstabfertigung ihrer Schiffe ermöglichen sollte, ein Dorn im Auge. Andere Organisationen fürchteten um die Sicherheit, sollte auch das Lotsenwesen von der Richtlinie betroffen sein. (3)

Beiden Argumenten folgte die Mehrheit der Abgeordneten im Europäischen Parlament - sie stimmten für umfangreiche Ergänzungen zum Vorschlag des Ministerrats. Die dadurch gefundene Kompromisslösung wurde sowohl vom Zentralverband der Deutschen Seehafenbetriebe (ZDS) und den Gewerkschaften akzeptiert. (5), (6)

Dem Abschluss des nun notwendigen Vermittlungsverfahrens zwischen Europäischem Parlament und Ministerrat wird von allen Seiten sehr optimistisch entgegengesehen.

Zielsetzung des Port Package

Mit der "Richtlinie über den Marktzugang für Hafendienste", wie das Port Package im Beamtendeutsch heißt, will die Europäische Union für mehr Wettbewerb bei den Hafendienstleistungen sorgen. Jeder potenzielle Anbieter soll die Möglichkeit zum diskriminierungsfreien Zugang zu Hafen- und Umschlagsanlagen erhalten. Die Richtlinie soll für alle europäischen Häfen gelten, die mehr als 1,5 Millionen Tonnen Container pro Jahr umschlagen und mehr als 200 000 Passagiere pro Jahr abfertigen. (3)

Die vorgeschlagene Änderung von Lizenzvergabe und Ausschreibungsverfahren soll die monopolistische, durch Subventionen gestützten Strukturen in den europäischen Häfen aufbrechen. Da die Lizenzvergabe in ganz Europa künftig nach den gleichen Spielregeln erfolgen soll und Transparenz über die finanziellen Beziehungen hergestellt wird, erwartet man sich neben einem umfassenderen, faireren Wettbewerb der Dienstleister untereinander auch gerechtere Bedingungen für den Wettbewerb zwischen den europäischen Häfen an sich. (7)

Was sieht die EU Richtlinie vor?

Lizenzvergabe und Ausschreibungsverfahren

Die EU-Richtlinie sieht vor, dass Lizenzen für Hafendienstleistungen künftig nur noch befristet vergeben werden dürfen. Dabei ist die Dauer der Konzession abhängig vom Investitionsaufwand des Dienstleisters. Nach Ablauf der Lizenz ist der Dienst neu und europaweit auszuschreiben. (1), (7)

Wenn ein Unternehmen nur geringfügige Investitionen tätigt, so soll die Konzession für maximal 10 Jahre erteilt werden. Bedeutende Investitionen in bewegliche Güter sollen eine Lizenzdauer von 15 Jahren bewirken, bedeutende Investitionen in Immobilien können zu einer Lizenzierung von 36 bzw. 46 Jahren führen. (7)

Lange Zeit strittig war die Regelung von Ausgleichszahlungen für Unternehmen, die bei Neuausschreibungen verlieren und keine Lizenzverlängerung bekommen können. Die jetzt gefundene Kompromisslösung verlangt, dass ein ausscheidender Anbieter Ausgleichszahlungen zum "angemessenen Marktwert seines Unternehmens, mindestens aber zum laufenden Marktwert von Immobilien und vergleichbarer beweglicher Anlagewerte" erhalten muss. (6)

Da mit dieser Regelung alle Länder gezwungen werden, die Ausgleichszahlungen auf die gleiche Weise auszuführen, erwartet man sich davon die Schaffung eines tatsächlichen freien Zugangs aller möglichen Anbieter innerhalb Europas. Denn zu hohe Ausgleichszahlungen schrecken neue Wettbewerber ab, zu niedrige Ausgleichszahlungen halten Lizenzinhaber von notwendigen Investitionen ab, da finanzielle Verluste zu erwarten wären. Diesem Punkt wird daher eine Schlüsselrolle für die Liberalisierung zugesprochen. (1)

Selbstabfertigung möglich

Einer der Gründe für die heftigen Streiks und Demonstrationen der europäischen Hafenarbeiter war der Passus, der es Reedereien unter bestimmten Voraussetzungen erlauben sollte, ihre Schiffe im Hafen selbst abzufertigen. Vor allem von Billigflaggen-Reedern befürchtete man dadurch die Erodierung von in Europa üblichen Sicherheits- und Qualitätsstandards. Auch fürchtete man den Abbau von Arbeitsplätzen qualifizierter Hafenfacharbeiter, sollte es Reedern erlaubt werden, Personal ohne Achtung landesspezifischer Sozial- und Tarifvorschriften einzusetzen. (8), (9)

Laut EU-Kommission werde aber von den Anbietern von Hafendiensten vor der Berücksichtigung im Ausschreibungsverfahren verlangt, dass die jeweiligen Sozialgesetze des entsprechenden Landes Anwendung finden. Ein Genehmigungsverfahren vorab soll sicherstellen, dass Anbieter von Hafendienstleistungen allen Anforderungen bezüglich Sicherheit, Berufsqualifikation, Sozialvorschriften und Umweltschutz entsprechen. (2), (9)

Die Selbstabfertigung soll zwar erlaubt, aber auf seemännisches Personal beschränkt bleiben, um wirtschaftliches und soziales Dumping zu verhindern. Außerdem sollen nur Schiffe, die unter EU-Flagge fahren, dieses Privileg erhalten. (3), (6)

Transparenz über finanzielle Abhängigkeiten

Die Europaabgeordneten waren mehrheitlich der Meinung, dass faire Wettbewerbsbedingungen zwischen den EU-Häfen nur entstehen können, wenn Transparenz über die Finanzierung der Häfen geschaffen wird. Nur wenn offen gelegt wird, mit welchen staatlichen Beihilfen und Subventionen maritime Infrastruktur geschaffen und betrieben wird, kann auf eine europaweit einheitliche Finanzierungsregelung hingewirkt und damit faire Wettbewerbsbedingungen zwischen den Häfen hergestellt werden. (6), (7)

Streitpunkt Lotsendienste

Sah der Vorschlag der Ministerrunde noch vor, auch Lotsendienste in die Richtlinie mit einzubinden, so wurde das vom europäischen Parlament grundsätzlich abgelehnt. Da die Lotsendienste eine Schlüsselfunktion für die maritime Sicherheit innehaben, dürfen sie laut EP nicht von einer Richtlinie erfasst werden, die grundsätzlich die Regelung von kommerziellen Diensten zur Aufgabe hat. (3)

Fallbeispiele

Ob die gewünschte Öffnung für den Wettbewerb durch den vorgelegten Kompromissvorschlag tatsächlich erreicht werden kann, ist in Expertenkreisen umstritten. Man befürchtet, dass notwendige Investitionen unterbleiben werden, wenn die Möglichkeit besteht, dass eine ablaufende Lizenz an einen Wettbewerber vergeben wird. (7)

Eventuell ist der Weg der "Essential-Facilities-Doktrin", die in den USA praktiziert wird, eine bessere Alternative. Diese Doktrin sieht vor, dass Anlagenbetreiber in Monopolstellung Wettbewerbern gegen Entgelt Zugang zu Kai und Umschlaggeräten gewähren müssen. Zur Findung eines gerechten Preissystems wäre die Schaffung einer Regulierungsbehörde notwendig. (7)

Weiterführende Literatur

(1) Dahm, Christian, Port Package: Chancen für Verbesserung - Interview mit den Europaabgeordneten Georg Jarzembowski und Willi Piecyk, DVZ, Nr. 19, 13.02.2003
aus is report, Heft 4/2003, S. 12-21

(2) Port Package passiert Parlament - Vermittlungsverfahren unausweichlich, DVZ, Nr. 31, 13.03.2003
aus is report, Heft 4/2003, S. 12-21

(3) Bolesch, Cornelia, Offene Häfen - Geplante EU-Richtlinie provoziert Europas Dockarbeiter, Süddeutsche Zeitung, 11.03.2003, Ausgabe Deutschland, S. 19
aus is report, Heft 4/2003, S. 12-21

(4) Hafenarbeiter protestieren gegen geplante EU-Richtlinie
aus Die Welt, Jg. 54, 11.03.2003, Nr. 59, S. 37

(5) Hafenbetriebe und Verdi begrüßen EU-Richtlinie
aus Die Welt, Jg. 54, 13.03.2003, Nr. 61, S. 37

(6) "Akzeptable Kompromisse" - ZDS hält "Port Package" für annehmbar, DVZ, Nr. 32, 15.03.2003
aus Die Welt, Jg. 54, 13.03.2003, Nr. 61, S. 37

(7) Wörnlein, Peter, "Port Package" wird zum Investitionshemmnis - Kritik am Ausschreibungsverfahren - Regulierungsbehörde wäre besser, DVZ, Nr. 14, 01.02.2003
aus Die Welt, Jg. 54, 13.03.2003, Nr. 61, S. 37

(8) Von Appen, Kai, Qualität gibt's nicht zum Nulltarif - Hafenstandards, taz Hamburg, 11.03.2003, S. 21
aus Die Welt, Jg. 54, 13.03.2003, Nr. 61, S. 37

(9) Protest am Port - Auch in Bremen und Bremerhaven streikten gestern viele Hafenarbeiter gegen eine neue EU-Richtlinie, taz Bremen, 11.03.2003, S. 21

aus Die Welt, Jg. 54, 13.03.2003, Nr. 61, S. 37

Impressum

Port Package

Bibliografische Information der deutschen Nationalbibliothek

Die Deutsche Nationalbibliothek verzeichnet diese Publikation in der deutschen Nationalbibliografie; detaillierte bibliografische Daten sind im Internet über http://dnb.d-nb.de abrufbar.

ISBN: 978-3-7379-0849-8

© 2015 GBI-Genios Deutsche Wirtschaftsdatenbank GmbH, Freischützstraße 96, 81927 München, www.genios.de

Alle Rechte vorbehalten. Dieses Werk ist einschließlich aller seiner Teile – z.B. Texte, Tabellen und Grafiken - urheberrechtlich geschützt. Jede Verwertung außerhalb der Grenzen des Urheberrechtsgesetzes bedarf der vorherigen Zustimmung des Verlags. Dies gilt insbesondere auch für auszugsweise Nachdrucke, fotomechanische Vervielfältigungen (Fotokopie/Mikroskopie), Übersetzungen, Auswertungen durch Datenbanken oder ähnliche Einrichtungen und die Einspeicherung und Verarbeitung in elektronischen Systemen.